La douleur ne me sert à rien

ISBN : 978-2-3224-5464-8
DEPOT LEGAL : Décembre 2022

Nicolas Pidoux

La douleur ne me sert à rien

LES HANDICAPÉS DE LA VIE

Les handicapés de la vie
Sont des paraplégiques du bonheur.

Ils ont le cancer du verbe espérer,
La leucémie du verbe aimer.

Au lieu de prendre leur élan,
Ils trébuchent tout le temps.

Parfois ils rampent
Parce qu'ils ont peur,
Parfois ils s'assoient sur leurs douleurs.

Les handicapés de la vie
Ont leurs pensées grillées,
Brûlées par le néon
D'une vie trop dépressive.

On les retrouve partout.

On les retrouve nulle part.

Qu'ils soient petits ou qu'ils soient gros,
Qu'ils soient verts ou qu'ils soient gris,
Les handicapés de la vie,
Ils portent malheur !

Alors fais gaffe,
Il y en a peut-être un
Planqué dans ton placard.

NAÏVETÉ

J'ai rêvé d'un monde
Où ceux qui sont lents ne perdent pas de
temps,
Où ceux qui glissent ne prennent aucun
risque.

Un monde
Où ceux qui hésitent font toujours le bon
choix.

Un monde
Où les nuits ne sont pas sombres
Et les maudits ne sont pas dans
l'ombre...

J'ai rêvé d'un monde
Où les manchots jouent au volley
Et les culs-de-jatte font du vélo.

Un monde
Où les aveugles me regardent droit dans
les yeux
Et les sourds se fendent la gueule en
chantant.

J'ai rêvé d'un monde...

Un monde, où les miracles font la loi
Et les naïfs sont des rois.

LA LÉGITIME DÉFENSE

Tout autour de moi,
La culpabilité,
Comme un nœud trop serré
Qui m'empêche de respirer…

Je suis écoeuré,
L'angoisse m'enlace,
Mon sang se glace,
Comment faire autrement ?

C'est allé si vite,
Le coup est parti…
…Et tout a basculé.

J'ai reculé,
L'autre s'est écroulé.

A l'hôpital,
Son cœur s'est arrêté,
Pour moi,
Une autre vie a commencé.

A présent,
Si loin de mon âme,
Je ne vois plus la flamme.
Dans la pénombre,
Je poursuis mon ombre.

Quand il fait nuit,
J'invente des histoires.
A l'abri des regards,

Je passe à travers champs,
J'avance face au vent,
Mais quand le jour se lève,
J'ai oublié mes rêves,
J'ai oublié comment c'était avant...

Il faudrait être calme
Pour retrouver qui je suis.
Il faudrait du silence,
Pour retrouver l'envie.
La légitime défense
Ne couvre pas les cris...

Et même si tout est gris,
Mon esprit seul réfléchit.

Comment effacer hier
Et mieux vivre demain...
Comment revenir en arrière
Et reprendre le bon train...

Seul dans le désert,
Je cherche la porte de l'Eden.

En vain.

Fermer les yeux
Pour devenir invisible,
Pour ne pas être vu par la
vague.

Tsunami (Décembre 2004)

LA SOLITUDE

Regarde ta tête,
Elle se dévisse,
Mais personne pour le savoir.

Ton esprit se tord,
Ta raison fait des efforts,
Tu deviens fou, n'est-ce pas ?

Regarde tes ailes,
Invisibles,
Elles battent l'air.

Rien à faire,
Tu ne décolles pas.

C'est étrange
Comme le vide peut peser lourd parfois.

La solitude
Mon gars,
C'est juste une tombe qu'il faut creuser
Chacun son tour.

Regarde-toi,
Tu manges,
Que dis-je,
Tu bouffes !
A EN CREVER !

Est-ce pour combler ce vide qui te
dérange ?

Regarde,
Regarde bien au fond de toi,
Ton cœur est vide,
A l'évidence, ta vie aussi...

La solitude
Tu vois,
C'est juste une tombe.

Il faut que tu creuses
Car c'est ton tour...

A la Mémoire de P.

VÉRITÉS

Enfoncer le clou,
Percer la chair,
Piquer l'amour propre,
Glisser le métal
À l'intérieur de la peau,
Jusqu'où ça fait mal.

Dans un mouvement de va-et-vient,
Exciter la fierté,
Trouer la poche de résistance,
Faire éclater la vérité.

Donner un coup...

Douleur acerbe,
Lorsque la lame s'enfonce
Au plus profond de soi
Pour atteindre le cœur.

Elle blesse
Par sagesse,
Elle glisse,
Coupant les tissus inutiles,
Tranchant les artères non vitales,
Ecorchant la sensibilité.

L'orgueil saigne,
Les susceptibilités se plaignent.

Le corps vacille,
Il n'est plus aussi stable.

Les convictions sur pilotis
Tremblent, se fendent puis cassent.
Le sol est mouvant.

L'égo,
Touché,
S'écroule lourdement.

ILLUSION

Pendant toutes ces années,
Tu étais mon amie invisible,
Celle qui me souriait,
Celle qui me rassurait.

Tu m'as prêté
Ton masque contre les doutes et les
ennuis.
A t'entendre,
J'étais grand.
A t'écouter,
J'étais fort.
A te regarder,
J'étais beau.

Pendant toutes ces années,
Tu m'as répété
Que si j'y pensais très fort,
Je pouvais faire des miracles.
Un jour,
Tu m'as suggéré
Que mes parents étaient des super héros
Prêts à tout pour me protéger des
salauds.

Pendant toutes ces années,
Quand j'avais mal,
Il suffisait de souffler

Pour faire disparaître la douleur.
Quand j'étais triste,
Je causais à ma grand-mère,
Elle était en haut,
Dans la lumière,
Et moi j'étais en bas,
Dans la poussière.

Pendant toutes ces années,
On se parlait souvent toi et moi,
Tu étais toujours disponible,
Tu étais tout le temps prête à me croire.
Je t'ai fait confiance,
Sans jamais chercher à te voir.

Tu étais ma confidente,
La gardienne de mes songes,
Une experte,
Reine de mes chimères.
Tu entretenais mes pensées,
Des plus folles au plus rassurantes.

A l'âge de 8 ans,
Le jour où le prêtre a posé ses mains sur
mon corps,
Je t'ai vue pour de vrai,
Je t'ai vue clairement mourir,
Tu étais couchée à mes côtés,
Comme un cafard sur le dos,
Tes yeux étaient grands ouverts fixés vers
le ciel.

Connaître l'avenir pour mieux espérer...

L'ARBRE

L'arbre,
L'élément parfait.

Il chante dans les airs,
Il explore les hauteurs,
Ses bras montent au ciel,
Effleurent les portes du paradis.

Ses pieds naissent dans le sol
A la conquête des profondeurs,
Où se cache la noirceur de l'enfer.

Il lie le ciel à la terre,
La vie à la mort...

Il récolte les tempêtes,
Il résiste au temps.
L'arbre ne s'inquiète pas
Quand il fait froid,
C'est une présence,
Un repère.

Quand il fait nuit,
Il te dit qui tu es.
Quand il fait jour,
Il te rappelle où tu vas.

Il est toujours là,
D'en haut comme d'en bas,
Sans hésitation,
Il prend toujours la bonne direction,

Il grandit.

Parfois,
Il te parle,
Il te raconte
Comment des êtres sans visages,
Des êtres que tu ne peux pas voir,
Te rassurent ou
Te hantent.

L'arbre
Est mystérieux,
A la fois lumineux,
A la fois sombre,
Reliant ce qui vole et ce qui rampe.

Qu'importe la tristesse
Ou la joie,
L'arbre fleurit.

En haut des cimes,
Au sommet perché,
Dans son univers animé,
Sa vision du monde
Est ronde.
Il voit des lumières
S'allumer,
Des êtres s'éteindrent…

Après l'hiver,
L'arbre fait reconnaître ses sens,
Il reprend des couleurs,
Il verdit,
Il reprend de l'ampleur,
Il contemple l'éternité.

Il y a des jours,
L'arbre bouge,
Fait du bruit,
Il t'avertit,
Ses feuilles parlent entre elle d'amour
éternel.

D'un certain point de vue,
L'arbre
Te protège,
De l'autre,
Il t'empêche
De voir plus loin.

Parfois,
Une branche se casse.
Au bout du doigt,
Le fruit a pourri,
Une rupture,
Un rêve qui tombe.
Qu'importe,
L'arbre vit,
Il se reconstruit chaque jour,
Et toi aussi.

L'arbre est immortel,
Son tronc noirci a connu le feu.
Longtemps après l'incendie
Persiste l'odeur.
Sur son corps calciné,
De nouvelles pousses naissent,
Le vert peut vivre avec le noir.

Espoir.

Si la beauté des fleurs séduit ton âme,
Alors
Cultive la terre.

Un beau matin,
Peut-être,
L'une d'elles fleurira dans ton jardin.

VOYAGE

Aujourd'hui c'est moi qui plonge.

Dans le vide,
Je m'élance,
Je me jette.
Mon cerveau s'efface
Sans laisser de place
A cet autre qui a peur,
A cet autre qui m'agace.

Je fais confiance à la vie,
Mes mains lâchent le frein,
Il n'y a plus rien qui me retient.

Volontairement
Je tombe.
Il y a juste le silence
Eblouissant
Qui recouvre ma voix,
Qui recouvre ma chute.
Sous la lune,
Il y a de la lumière.
Derrière les feuillages,
Il y a mon ombre.
Un passage s'ouvre
Vers l'abandon.
Enfin libre,
Je rejoins mon cœur.

Aujourd'hui c'est moi qui plonge.

Je ne sens plus ma peau qui me démange,
Je regarde en face ce qui me dérange.

J'entreprends un long voyage,
En quête d'indices,
De vielles images,
D'anciens visages.

Au plus profond de moi,
Je veux chercher qui j'étais.
Au plus profond de moi,
Je veux trouver qui je suis.

LE SOUFFLE

Il y a le souffle qui fait mal,
Il crie hors de la peau,
Il engendre les guerres,
Il engendre les maux.

Il y a le souffle de la vie,
Mécanique et précis,
Il ne tient qu'à un fil.
C'est vrai !
Puisque je te le dis.

Il y a le souffle qui attend,
Juste après l'accident...

Le dernier souffle peut-être ?

Il y a le souffle des amants,
Chaud et sensuel.
Comme un prolongement du corps,
Il brûle la peau.
Comme un baiser dans la tempête,
Il s'envole,
Aveugle et mendiant,
Retournant vers l'oubli.

Il y a le souffle qui hésite,
Juste après l'accouchement...

Le premier souffle peut-être ?

Il y a le souffle des artistes,
Il hurle hors de la peau,

Il engendre le mal-être,
Il engendre les mots.

En vérité,
Lorsque le souffle s'en ira,
En silence vers le silence,
Jamais ne reviendra...

ABANDON

Il a bâti une maison,
Sans porte
Ni balcon.

Au fond de son cœur,
Dans une chambre sans lumière,
Résonnent ses prières.

Son esprit haut perché
S'est caché au grenier,
Ses pensées se perdent dans le noir.

Il a bâti une maison,
Sans fenêtre
Ni perron.

Emmuré dans le silence,
Son être est parti ailleurs.
Trop lourde est l'absence,
Trop lourde est la perte,
Trop de souffrances.
Il a le sentiment de n'être plus rien,
Il a besoin de partir loin.

Il a bâti une maison,
Sans vie
Ni vue sur l'horizon.
Il ne ressent ni le froid ni la chaleur,

Au fond je crois qu'il a peur,
Tout seul dans cette demeure.
Il n'y a personne dedans,
Personne dehors.

Il a bâti cette maison,
Pour s'abriter du vent,
Un vent de tristesse,
Qui souffle sans cesse.

Depuis que tu es parti,
Il a perdu l'appétit,
Perdu le goût de la vie,
Il a égaré son esprit.

Des animaux courent sur le plafond,
Des ombres du passé rampent sur son
front,
Il ne sait plus penser sereinement.

A l'intérieur de la maison,
Il s'est enfermé,

A l'extérieur de la raison,
Il est condamné.

Il cherche les clés.

UN MENHIR DANS LA PLAINE

Seul,
Tu te tiens droit.
Rien ne peut t'étouffer,
Ni le souffle du vent,
Ni celui des brigands.

Rien ne peut te bruler,
Ni les flammes du désir,
Ni la foudre de la guerre.

Face aux courants,
Face à la pluie,
Place à l'infini.

Aujourd'hui,
La prairie sourit.
Il y a du vent,
Les hautes herbes se balancent,
Elles dansent en cadences.

Dans la plaine,
Des milliers de tournesols noircis
Se dressent les uns contre les autres,
Comme une foule pressée
Qui attend
La guillotine à la fin de l'été.

Demain il fera gris,
La nature va se transformer,
Les couleurs se modifier.

Lorsque la lumière va s'enfuir,
La solitude de ceux qui regrettent
Hantera les esprits de la nuit.

Et quand la neige va tomber,
Elle dissimulera les traces,
Elle voilera la face,
Recouvrant de blanc
Le sang des innocents.

Mais l'histoire ne s'efface jamais
vraiment...

Témoins du temps qui n'a pas d'âge,
Ton sommet jaillit
Au dessus de la vie qui se propage.

Dans ce silence austère,
Entretenant le mystère,
Tu observes le monde :

Les gens sont des animaux
Coupables
Qui ont peur.

Au près de toi,
Je me sens bien.

MOURIR DE RIRE

Au début,
C'est bien,
Même agréable.

Tu souris,
C'est un cadeau de la vie.

Mais très vite,
Tu oublies.

Tu oublies pourquoi tu ris.

Même que t'en a plus du tout envie !

Mais enfin, pourquoi tu cries ?

Est-ce que cela te fait si mal
De rire aux larmes ?

Tu te tords,
Comme une grimace.
Tu deviens écarlate,
Et ta rate se dilate,
C'est tout ton corps qui se gonfle et qui
éclate.

Il y en a partout,
Du sol au plafond.

Le mur qui était blanc
Ne l'est plus vraiment.

Il faut que je te dise :

Mourir de rire,
C'est salissant !

EVASION

Fuir ce pays fermé.

Quitter cet endroit,
Ce monde où l'on voit tout en noir et
blanc,
Ce monde intoxiqué par le stress,
Obnubilé par l'apparence.

« FUIR », dis-je.

Fuir pour un autre monde,
Fuir pour un autre moi.

Mon esprit change,
Ma peau se métamorphose,
Mon langage se simplifie,
Et il n'y a personne que cela dérange !

Fuir pour un monde de couleurs et de
sentiments Inhabituels.

Electron libre,
Energies nouvelles,
Sensation de bien être,

Mon Dieu,
S'il vous plaît,
LA FENÊTRE,
Il faut qu'elle reste ouverte !
C'est mon échappatoire vers le soleil.

Voyage en Thaïlande

IL Y A DES JOURS COMME ÇA

Il y a des jours comme ça,

Où la pluie se précipite dans le vide
Et le vent se jette contre les murs.

Il y a des jours comme ça,

Où les vagues se laissent mourir sur la
plage
Et le feu s'étrangle dans la cheminée.

MEME LES HEURES SONT PRESSEES D'EN FINIR !

Allez savoir pourquoi...

Un jour,
On a retrouvé le corps du grand-père
Pendu au fond de la cave.

C'est étrange,
Mais c'est comme ça :

Certains préfèrent parfois quitter la vie
avant la fin,
Et seuls eux savent pourquoi...

EGAREMENT

En me regardant dans le miroir,
Ma tête avait disparu.

J'ai eu beau fouiller,
Aveuglément,
Du bout de mes dix doigts,
J'ai cherché ce moi manquant,
Mais impossible de mettre la main dessus.

Ma tête restait introuvable.

Il fallait se rendre à l'évidence,
Je l'avais perdue,
Une partie de moi n'y était plus...

En même temps,
J'étais désorienté,
Et angoissé,
Recherchant le nord,
Que je ne trouvais pas,
Recherchant la raison,
Ou peut-être un sens à tout cela.

Mon esprit avait disparu
Lui aussi.
Probablement qu'il s'était enfui
Par le trou béant creusé par mon
imagination.

Que sais-je...

Désespéré,
Je me suis assis sur le sol.
Je me suis senti si seul tout à coup.

Finalement,
Je me suis aperçu
Qu'en recherchant ma tête, j'avais perdu
la raison.

UN PÈRE

Vas,
Au fond de tes rêves.

Au cœur de la nuit,
Libère tes envies,
Délivre ton esprit,
Imagine,
Construis,
Efface puis recommence.

Fais confiance à la nature,
Arrose ton champ,
Il faut que tes idées grandissent,
Affute ton langage
Pour qu'il fleurisse.

Vas,
Au bout de tes rêves,
Ne te retourne pas.

Evite les pièges
Des illusions et des désillusions.
N'écoute pas ces personnes
Qui t'empêchent de croire,
Ne tourne pas le dos
A tes idéaux,
Le chemin pour y parvenir
Te fera grandir.

Ecoute
Ces rêves secrets

Qui te tendent les bras,
Ils ne connaissent que toi.

Saisis cette inspiration
Qui t'éclaire.
Invente une histoire,
Fais chanter ton personnage,
Remplis de mots la blanche page.
Et,
Si ton récit fait naufrage,
Regarde vers le haut,
La tête dans les étoiles,
Un vent nouveau
Soufflera dans tes voiles.

Même si parfois
Tu n'as pas confiance en toi,
Car dans ta mémoire,
Certaines chutes sont gravées,
Des souvenirs que tu veux oublier,
Des images qui t'empêchent de dormir,
Des pensées qui t'empêchent d'être
heureux,

Les mauvais rêves aussi ouvrent les
yeux...

Qu'importe s'il pleut,
La création inspire les Dieux.
Ecoute ton cœur,
Il va te raconter
Comment un jour,
L'inaccessible devient possible,
Ne te réveille pas trop vite,

Attends de vivre la suite.

Ne deviens pas
Comme ces vieux,
Nostalgiques,
Qui repensent à leurs rêves
Qui sont bien loin déjà.

Imaginons une caméra à l'intérieur du crâne.
Ecartons les rideaux de l'esprit et observons
l'âme crue
Enfermée
A l'intérieur de sa boîte.

Peut-être
Comprendrons-nous enfin un peu plus la
nature humaine.

LE CORBEAU

J'ai vu le désespoir,
Certains hommes
Se couper la jambe
Pour ne pas avoir à marcher,
D'autres
Se trancher le bras
Pour ne plus prendre leur dose.

J'ai vu l'imprévu,
L'accident,
Les traces de freins,
Les cris,
Le cœur s'arrêter,
L'ambulance partir en trombe,
Au retour,
Se transformer en tombe.

J'ai vu l'oubli,
L'histoire s'effacer,
Comment apprécier
Le pain
Que l'on entame le matin,
Si on ne se souvient déjà plus
Qu'hier on avait faim.

J'ai vu la guerre,
Des cadavres mutilés,
Des corps à la dérive,
Des massacres à la machette,

Et les grands de ce monde qui se parlent
Mais qui ne bougent pas.

J'ai vu la peur,
La gorge que l'on tranche,
Le regard qui se fige,
Cette chaleur qui coule sur les doigts
Du bourreau,
Ce sang froid
Qui circule dans ses veines.

J'ai vu la joie et la tristesse,
Le cordon que l'on coupe
Pour donner la vie,
Celui que l'on sert autour du cou,
Pour donner la mort.

On dit
Que je suis un oiseau de malheur,
Avec mon œil aiguisé
Je contemple l'horreur.
Je ne suis jamais bien loin
Lorsque quelqu'un meurt...

Premier souffle...

Premier amour...

C'est surprenant,
Comme ils peuvent faire du bien et du mal à la
fois !

Dernier regard...

Dernière parole...

(Est-ce qu'on s'en remettra ?)

CONFIANCE

En équilibre instable,
Debout sur une corde,
Je sentais le vide au dessous de moi.

Derrière un brouillard épais et froid,
J'ai d'abord distingué une ombre qui
s'avançait :
L'incertitude s'approchait,
Devenant toujours plus grande.
Arrivée à ma hauteur, elle m'a provoqué,
Essayant de me pousser dans le vide.
Surpris et un peu déséquilibré,
Je ne savais pas comment réagir :
Avancer ou reculer ?

Incapable de faire un choix,
Craignant de faire un mauvais pas,
Je sentais le vide au dessous de moi.

D'un seul coup,
L'inquiétude a surgi.
Me narguant,
Elle s'est mise à danser sur la corde.
En même temps que tout mon corps,
La corde a commencé à vibrer
Et mon être tout entier s'est tendu.

Perturbé,
Je n'osais plus bouger,
Craignant de faire un faux pas.

Je sentais le vide au dessous de moi.

En me retournant,
J'ai recherché quelque chose pour
m'accrocher :

La réussite
Pour tenir bon,
Son sourire
Pour me rassurer.

Au lieu de cela,
L'échec s'est de lui-même rappelé à mon
bon souvenir,
Bon sang,
Je pensais l'avoir oublié, celui-là...

Se balançant lentement comme un
voltigeur,
Suspendu à la corde,
Je ne sais pourquoi,
Il a soudain attrapé mes chevilles
Et de tout son poids, il s'est mis à me
tirer vers le bas.

Ma capacité de résistance ne tenait plus
qu'à un fil !

Pour finir,
Le doute m'a frappé
Lâchement par derrière
Et j'ai perdu l'équilibre.

En vérité,
J'ai perdu plus que cela...

LE CHAGRIN

Le chagrin ne laisse pas de traces,
Pas d'empreintes de son passage
Sur le ciment de la mémoire.

Avec le temps,
Les rues et les avenues de l'esprit se
vident.

Plus d'embouteillages,
De pensées qui font mal.

Fini,
Fini le vacarme des idées noires.

Plus de sirènes « da-larmes »,
Plus d'accidents,
De chocs entre le cœur et la raison.

Enfin le calme...
RIEN,
Il ne reste rien.

Pas même son regard
Au hasard sur le trottoir.

Les rues et les artères de l'esprit sont
vides.

Avec le temps,
Le chagrin passe...

MAIS OU VA-T-IL ?

MOMENTS

Il y a des moments pour rêver
Et d'autres pour crier.

A vrai dire,
Il y a des moments pour tout.

Il y a des moments, il faut attendre,
D'autres, il faut sauter.
De toutes façons,
Il y a des moments noirs et des moments
blancs.

Placés côte à côte,
Les moments forment une heure, une
journée,
Une vie...

Au fait,
Un moment donné
N'est jamais repris.

Parfois,
Il y a des moments d'égarement,
Ou encore,
Des moments de folie.

Souvent,
Entre les bons et les mauvais moments

L'esprit se balance,
De temps en temps
Le cœur se cogne,
Et quelquefois
La raison s'égare.

LA VIE NE FAIT PAS DE CADEAUX

Regarde,
Bien cachés dans le noir,
Ce sont les pères Noël.

Ils crient au désespoir !

Les enfants sont partis...

A force,
Ils n'y croyaient plus.

Les pères Noël,
Eux,
Restent plantés là,
Au fond d'un vieux tiroir.

Ils ne servent plus à rien.

Ils ne racontent plus d'histoires.

Ils ont compris,
Eux aussi,
Que la vie ne fait pas de cadeaux.

SINCÉRITÉ

La tête dans les nuages,
Les pieds sur terre,
Et moi entre deux...

Ni sage
Ni fou,
Simplement
Vivant.

Il y a mon cœur
Qui rêve,
Plus léger,
Plus libre que l'air.

Il y a mon esprit
Qui réfléchit,
Plus lourd,
Plus solide que la pierre.

Et,
Entre les deux,
Quelque part entre les sentiments et la
raison,
Quelque part entre la vie et la mort,
Il y a mon corps qui respire.

Amen

LA GUERRE

Tombe la pluie sombre,
Remplissant les rivières d'amertume,
Inondant les terres d'idées noires.

Entrainés par un flot de malheur,
Les rires se noient dans un tourbillon de
douleur.

Comme un triste sort,
La terre va se remplir encore...

Souffle le vent amer,
Balayant la poussière.

A la surface des fissures de pierre,
La ville blessée
Cache des cadavres par milliers.

Comme si la vie avait tort,
La terre va se remplir encore...

S'impose le silence.
Le hurlement des sirènes s'est arrêté.
A peine si on entend le murmure d'un
cœur qui bat.

Un homme sort de sous terre,
Un mort vivant,
Il ne sait pas pourquoi ni comment,
Il marche lentement
Pour rallier le long cortège des survivants.

Dans l'ombre,
Sous les décombres,
Il y a des vies qui expirent,
Des souvenirs qui soupirent.

Le mal s'est montré le plus fort,
La terre va se remplir encore...

Il va falloir compter les morts,
Panser les blessures.
Il va falloir du temps,
C'est sûr.

Il y aura des traces,
Des cicatrices à l'explosif,
Des cœurs à vifs,
Des cerveaux de soldats
Grillés par la violence des combats.
Il y aura aussi la détresse des femmes et
des enfants
Qui n'oseront pas vraiment y croire,
Ils seront seuls,
A la recherche de leur histoire.

A l'aube de ce nouveau jour,
De ce nouveau réveil,
Rien ne sera plus pareil.

Comme une marée funeste,
Les armées se sont retirées,
Laissant place à la désolation,
Laissant place à une question :

Comment on a pu laisser faire cela ?

QUESTION DE LOGIQUE

Je me demande parfois
comment font les unijambistes,
Lorsqu'ils vont acheter
Une nouvelle paire de chaussure
Dans un grand magasin.

Ont-ils un rabais sur le prix ?

Horizon lunaire,
Assemblage de roches carbonisées
Et de bois pétrifiés.
Sol brun plissé,
Plancher déchiré,
Coupé en tranche.
Croûtes de lave coagulée
Recouvrant la nature vivante.
Magma froid de pierres noires
Mâchés et recrachés par les volcans.

Le cœur de la montagne s'est endormi,
Le sol s'est refroidi.

Mélange de rouge et de jaune
Sur fond de gris.
Lichen en épis,
Cendres blanches émaillant les surfaces
rocailleuses.

Montagnes éventrées,
Cratères immenses,
Failles béantes par où les volcans ont
craché leur colère,
L'enfer sorti du fond de la terre.

Rupture temporelle,
Image figée.
Monolithes métalliques
Çà et là,

Imposant
Force
Et solidité.
Impression d'inertie dans les profondeurs
du silence,
Plus rien ne bouge.
Les plaies se sont refermées,
Le calme est revenu,
La vie animale a disparu,
Pourtant le sol respire.

Contemplation unique de cette
prodigieuse étendue.
Ambiance dénudée,
Décor aride,
D'une beauté qui impose le respect.

A la vue de ce paysage,
Au plus profond de moi,
J'ai effleuré
Du bout des doigts,
Un sentiment d'infini, de calme et de
sérénité.

QUESTION STUPIDE

Cela rend-il mauvais d'être mal aimé ?

LORSQUE LA DOULEUR SE CRIE EN ROUGE

Sur le sol,
Sur les murs,
La présence de ta colère,
De ton désespoir.

Un sang foncé,
Presque noir,
La marque de ta souffrance.

Quand c'est celui d'un autre,
Le sang effraye.
Il inquiète
Par sa violence,
Il dérange par son odeur,
Une odeur lourde et écœurante.

Le sang est essentiel pour la vie,
Il est vital d'en perdre pour mourir.

Ce sang rouge vif
Qui circulait dans tes artères,
Au contact de l'air a séché.

QUI SE SOUVIENDRA DE MOI
(Château de Chillon)

Sept piliers,
Sept pêchers,
Comment oublier…

Je contemple
Un faisceau de lumière,
Une lueur sur une colonne de pierre,
Une flamme libre qui danse.

Mon regard s'égare,
Mon cœur s'émerveille.
Pour un instant,
Je suis le roi…

Sous mes pieds,
Le sol est dur,
Creusé dans le calcaire.

Les murs sont pavés de souffrances,
Ils racontent l'histoire
De ceux qui étaient là avant.

Nuit et jour,
Le battement de l'eau sur les rochers
Signe le temps qui avance
Mais qui ne change pas…

Emprisonné plus bas que le niveau des
flots,
Plongé dans l'obscurité,

C'est l'hiver
Et j'ai froid.

Le cliquetis de mes chaînes rythme mes
pas,
Je suis devenu l'ami des rats.
Sans vraiment savoir pourquoi,
Je laisse aller mon esprit
Se perdre dans l'infini.

Je respire l'air,
J'attends l'éclaircie,
L'espoir d'une libération.

Comme l'animal qui épie sa proie,
Je guette l'ombre des soldats,
Le bruit de leurs voix.

On vient peut-être me remonter à la
surface !

LA MORGUE MUNICIPALE

Ici,
Les hommes, les femmes et les enfants
Sont emballés dans des sacs noirs,
Numérotés et bien rangés dans de
profonds tiroirs.

C'est un lieu où les odeurs sont
prisonnières,
Prisonnières à l'intérieur des murs.

Un lieu où les corps parlent,
Où les morts racontent des histoires...

Les mouches ?
D'authentiques éboueurs de cadavres !

ESPRIT DE FAMILLE

Dans les yeux d'une mère
Il y a toujours de la lumière...

Dans la bouche d'un père
Il y a toujours un bon conseil, une bonne
prière...

Alors,
Pourquoi s'en faire ?

CLAIRE VOYANCE

La sagesse l'a frappé,
Un premier coup,
Simple et soudain,
Il a perdu l'équilibre
Et il est allé au sol...

A terre,
Il y avait ses désillusions,
Ses défaites,
Ses jours sombres,
Comme des fruits pourris,
Ses échecs étaient là aussi.

Il y avait des débris,
Des rêves cassés,
Des désirs aveugles et coupants
Aux saveurs d'amertume.

Il y avait ses rendez-vous manqués
Avec le destin.

Il y avait aussi ses causes perdues,
Bien cachées au fond de son cœur,
Des élans de sagesse
Pour que le monde progresse.

Il y avait quantité de routes,
Des chemins boueux,

Des raccourcis douteux,
Des couloirs chargés de mystères.
Autant de passages étroits vers la
lumière.

Il y avait l'enfant battu,
Qui se dit qu'il vaut mieux accepter,
Ne rien dire
Pour se libérer de la responsabilité.

Il y avait ses maladresses,
Celles qu'il a tentées de rattraper,
Ou qu'il a abandonnées sur la chaussée
A force d'être pressé.

Il est tombé par terre,
C'est arrivé comme ça.
Comme un retour en arrière,
Le film de sa vie qui défile
À toute vitesse,
Ses doutes,
Ses peurs et ses pleurs parfois.

Il s'est rappelé
Le parfum de la pluie en été,
Son cartable qui est lourd à porter,
Sa plume qui écrit sur le papier,
La sonnerie pour enfin se libérer,
La pluie qui se remet à tomber,
Ses chaussures trop petites
Qui lui font mal aux pieds.

Il a flairé ses mauvaises odeurs,
Ses hésitations et ses erreurs
Hasardeusement dissimulées,
Des moments de lâcheté
Au goût amer de la culpabilité.

Il a entrevu
Ses côtés sombres,
Maculés de paroles amères
Et d'attitudes de travers.

Abattu,
Un peu sonné,
Il s'est allongé
Et a levé la tête.
En regardant vers le ciel,
Il a causé aux étoiles,
Leur a demandé de lui rappeler
Les êtres qui lui manquent,
Les bonheurs oubliés.

Au fond de lui,
Un homme lui a parlé.
Au son même de sa voix,
Il lui a raconté
Comment
De certaines blessures, on ne guérit pas,
On vit avec.

Et puis,
Il a été frappé une seconde fois,
Un coup sûr et tranchant.

Et,
Comme une évidence
S'est imposé le bon sens.
A cœur ouvert,
Il a contemplé
Une fleur,
La beauté magique de certaines
rencontres,
De certains moments de l'existence,
L'amour pur d'un enfant,
Les couchers de soleil qui réchauffent,
Le corps qui ondule entre les doigts,
Les sourires qui nourrissent,
Les rires qui guérissent,
Les amitiés authentiques.

Enfin debout,
Il a pardonné,
Il a pleuré,
Pleuré à la beauté de la vie,
Emerveillé par sa grandeur et son génie.

Deux mois
Se sont écoulés,
Depuis qu'il n'a su l'éviter,
Ce camion bleu qui roulait trop vite...

Il s'est vu d'en haut,
Son corps étendu sur la chaussée,
Sa cervelle écrasée sur le côté.

Aujourd'hui,

Il peut affirmer,
Sans regrets ni arrières pensées,
Qu'il n'est qu'une infime partie de
l'univers,
Qu'un simple rouage du temps.

Son esprit frivole
Se perd,
Une fumée qui s'envole
Pour l'éternité.

Il n'a plus mal.

LA FÉE ALCOOL

Je marchais le long de ma voie,
Désespéré,
En proie aux doutes,
Plus trop sûr de mes choix,
Plus aussi sûr de moi.

A un carrefour,
Je l'ai rencontrée.

Pleine de compassion et d'attention.

Je la croyais sincère,
Mais je me suis bien trompé.

C'est affreux comme j'ai toujours si soif
Depuis ce jour-là...

SOMBRE HISTOIRE

Tes pieds et tes poings sont liés par le
secret,
Liés par les racines du mal,
Un mal ancien,
Un mal qui vient de loin...

C'était un soir,
Un soir d'hiver,
Il y a longtemps,
Il faisait nuit, c'était la guerre.

Personne n'a jamais cherché
Ni à voir,
Ni à savoir.

Tes mains seules sont la mémoire,
Mais elles se taisent,
Elles ne connaissent pas la prière.

De loin ou de près,
Pas le moindre regret.

Toutes ces années de secret
Ont pansé les plaies.

Toutes ces années
Sans le moindre remord,
Ni en dedans,
Ni en dehors...

Eh puis
Un jour,

Face à la mort,
Il y a cette voix dans ta tête,
Ta dernière chance peut-être ?
Elle te parle,
Ta conscience se réveille,
Elle t'appelle,
Elle veut sa liberté,
Elle te demande
De rompre le silence,
De remettre les choses dans le bon sens.

Mais,
Tu ne comprends pas...

A quoi bon,
Mettre un nom sur un corps,
De toutes façons,
Il est mort !

L'ennuyeux dans cette histoire,
C'est que tu n'es pas tout seul
Et qu'on va t'enterrer ce soir.

Le sol t'emportera,
Toi et ton secret.

Comme un vers qui ne pourra sortir de
terre,
Enfermé dans sa boîte,
Si loin du ciel,
Ton souffle va s'enfuir,
Peu à peu, ton corps va se réduire,
Mais ton âme restera
Coincée dans les ténèbres,
Prisonnière des profondeurs,

Sans pouvoir refaire surface.

Et chaque jour qui passera,
Chaque saison,
Chaque seconde,
Sur ta tombe,
Planera une ombre.

Imagine un branleur sans ses mains
Et tu percevras ce que peut être le
manque...

SCHIZOPHRÉNIE

En sortant de l'hôpital psychiatrique,
J'avais un sentiment mitigé,
Un tiraillement entre mon admiration
Pour ton esprit extraordinaire
Et mon attachement au monde de la
réalité.
Ce monde qui assassine si froidement ton
esprit fabuleux,
Ce monde qui ne reconnait pas ta
créativité ni ton Imagination.

Parfois je maudis la réalité
Pour son côté raisonnable,
Parfois je la condamne
Pour son côté terre à terre.

En sortant de l'hôpital psychiatrique,
Je me souviens de ton regard tantôt doux
tantôt malicieux.

Est-ce que tu comptes les heures ?
Est-ce que tu compte les demi-
secondes ?

Je ne connais pas ta souffrance,
Mais je l'entends...

EXCLU

Et même si je suis fou ou simplement
désespéré,
Sans le sou ou paumé,
Permettez-moi de trouver un sens à Ma vie !

FERMETURE

Le soir,
Les touristes
Engorgés de soleil et d'eau salée
Libèrent petit à petit leur place chèrement
payée.

C'est un moment agréable,
Et la température est clémente.

Il n'y a pas d'urgence,
Et c'est très lentement que la plage se
vide de son flot d'individus iodés et
carbonisés.

Par petits groupes ou seuls,
Comme apaisés et satisfaits de leur
journée,
Ils quittent la plage payante.

AMITIÉ

Ce matin, j'ai écrasé un chat.
Je n'ai rien vu venir. C'était l'aube.
Encore endormi d'une courte nuit, j'étais parti de chez moi depuis environ cinq minutes. Je roulais avec la fenêtre ouverte, le froid pour me réveiller. Il devait être six heures.
Ça s'est passé très vite, j'ai entrevu sur la droite de mes phares une forme sombre, j'ai entendu un cri strident, puis j'ai senti un choc à l'avant de ma voiture.

Je me souviens, à la radio on passait du Joy Division, j'étais en train de me dire que le morceau était excellent. C'était le mois de novembre, un mois inutile et sinistre, qui me donne le cafard.

Sur le moment, je n'ai pas vraiment réalisé. J'ai roulé encore quelques mètres puis j'ai enfin retrouvé mes esprits. Je me suis arrêté sur le côté. En marche arrière, j'ai reculé jusqu'au lieu de l'accident. Il était là, tout plat au milieu de la route. Je l'ai regardé, il ne bougeait pas. J'ai récupéré un sac poubelle qui se trouvait sous le siège passager.

J'ai emballé le chat mort dans le sac que j'ai balancé dans le coffre de ma voiture.

Ensuite j'ai repris la route jusqu'à mon travail. Toute la matinée, j'ai eu de la peine à me concentrer sur mes tâches. J'entendais le cri du chat dans ma tête,

A la pause de midi, j'ai repris ma voiture et je suis allé dans la forêt, un peu en dehors de la ville. J'ai roulé une dizaine de minutes à peine. J'ai garé le véhicule. J'ai pris le sac poubelle et j'ai marché le long d'un sentier étroit et plat. A un moment donné, j'ai bifurqué à droite. J'ai avancé encore quelques mètres dans une légère montée et sous un arbre j'ai creusé un trou avec un bout de bois, trouvé sur le chemin. Quand j'ai estimé le trou suffisamment profond, j'y ai jeté le sac avec son contenu et j'ai rebouché la tombe en prenant soin d'aplatir la terre en marchant dessus.

Après cela, l'esprit misérable, j'ai récité une prière à voix basse, un truc un peu ridicule, du genre : « n'aie pas peur, tu vas aller au paradis des chats, tu pourras t'empiffrer de croquettes et dormir toute la journée... »
Je me suis aussi excusé ; comme si l'animal ou son âme m'écoutait ?

J'ai même promis de revenir !

Le soir, mon voisin qui habite l'appartement du dessus, est venu me voir chez moi. Inquiet, il m'a expliqué que son chat n'était pas revenu de la journée. Il a précisé que depuis huit ans, tous les jours, il venait à midi et ensuite il faisait la sieste l'après-midi.
J'ai réfléchi, mais je n'ai rien dit...

Cette nuit-là, dans mon lit, j'ai songé au chat du voisin. Il était tout noir, avec une tache blanche autour de l'œil droit et la patte avant gauche, blanche aussi, comme s'il avait marché dans un bidon de peinture ; exactement comme le chat tout plat que j'avais enterré quelques heures plus tôt. Il s'appelait comment déjà ?

Plusieurs jours ont passé et j'ai recroisé mon voisin dans le garage en rentrant du travail.
On a causé un peu. Il m'a dit que son chat n'était toujours pas rentré à la maison. Il a insinué que l'animal s'était sûrement trouvé quelqu'un d'honnête, une personne respectable qui s'occupait de lui, le nourrissait et qu'il devait certainement être heureux ainsi.
Je l'ai regardé et je n'ai rien dit...

Deux semaines plus tard, mon voisin, se sentant seul, m'a invité pour boire un verre chez lui. Nous avons beaucoup parlé. Après cette soirée, on s'est revu souvent et avec le temps, s'est construite une amitié, une vraie amitié.

Pendant plusieurs années, nous avons passé des nuits à écumer les bars. On s'est raconté nos histoires, on s'est dit nos déboires. On a beaucoup ri, on a beaucoup bu et parfois on a pleuré. Finalement, c'est comme si on connaissait à peu près tout l'un de l'autre.
Plusieurs fois, durant cette période, j'ai voulu lui parler de son chat, sans y arriver, mais lui, n'est jamais revenu sur ce sujet.

Et puis, un vendredi soir, peut-être une dizaine d'années après notre première soirée, comme souvent, on s'est vu chez lui.
Très excité, il m'a confié qu'il avait vu son chat, le matin, au parc en bas de l'immeuble. Lorsqu'il avait voulu l'approcher, la bête s'était sauvée. Nullement découragé, mon voisin a esquissé un léger sourire rassuré, me confessant que l'animal avait l'air bien nourri...

N'y tenant plus, je lui ai tout avoué, l'accident, comment j'avais enterré son chat, les fois où j'avais voulu lui en parler.

Il m'a écouté attentivement jusqu'au bout, sans m'interrompre. A la fin, il m'a à peine regardé, il s'est levé du canapé et a simplement dit qu'il était crevé et qu'il allait se coucher. Il m'a rapidement salué et a rejoint sa chambre.

J'ai pris ma veste et j'ai fermé la porte de son appartement. Au fond, je crois que je me suis senti soulagé d'avoir pu me confesser à un ami.

Le lendemain en fin de matinée, il a sonné chez moi.

Il m'a regardé droit dans les yeux, sans un mot, il m'a fracassé le crâne avec un marteau.

CLÉMENT

A l'âge de 10 ans, Clément a perdu ses parents. En quelques secondes, sans prévenir, sa vie a basculé. Si petit, il ne savait pas que l'accident mortel de son père et de sa mère allait bousculer le cours de sa vie...
Placé chez sa tante, le soir dans son lit, il n'a cessé de penser qu'un jour, tout allait changer.

Enfant, il était réputé pour sa douceur et sa gentillesse. Puis, en grandissant, Clément s'est affirmé en tant que personne affable et douce, mue par des élans de charité. Constant et fidèle en amitié, en toutes circonstances, il ne savait pas dire non. On peut dire que Clément était considéré, aux yeux des gens qui le connaissaient, comme un homme bon et bienveillant.

Avec les années, cependant, ses grandes qualités d'écoute et d'empathie se sont transformées en un fardeau lourd à porter pour lui.
Au travail, il s'est retrouvé surchargé, épuisé par les demandes qu'il n'arrivait pas à refuser. Avec les filles, Clément et

sa réputation d'homme gentil, lui ont valu d'être mis au rang du confident ou d'ami extraordinaire. Concrètement, les filles l'aimaient beaucoup comme on peut aimer un frère, sans perspectives de relations amoureuses, ce qui le blessait énormément. Lui-même rêvait de vie à deux et avait déjà souvent ressenti des sentiments amoureux qui n'étaient pas partagés par les filles qui l'attiraient.

Clément vivait avec toutes sortes de questions et de doutes, mais ne s'en plaignait jamais à personne.
Progressivement, il s'est mis en tête que sa gentillesse était une malédiction, une maladie et qu'il fallait être méchant pour en guérir et vivre mieux. Cette idée a germé dans sa tête et ne le quittait plus. De jour comme de nuit, c'est devenu une obsession. Il ne mangeait plus, ne dormait plus, au point qu'il a du s'arrêter de travailler. Il s'isolait chez lui, ne voyant plus personne.
Il a même essayé, par quelques petites actions malveillantes de changer. Il a osé quelques vols ou mensonges, mais sa sensibilité reprenait rapidement le dessus.

Un matin, Clément a finalement mis au point un programme monstrueux pour devenir méchant. Se conditionnant, il a fixé une date à partir de laquelle, il devait cesser totalement d'être gentil.

Le programme était simple, établi selon deux étapes visant à se débarrasser d'êtres vivants, d'abord un animal, puis une personne.

Au bout d'une semaine de préparation intérieure, le grand jour est enfin arrivé.

Dans un cimetière pas loin de chez lui, Clément a repéré un petit chien qui marchait tout seul. Il lui a donné un violent coup de pied par derrière. L'animal est tombé dans le grand bassin rempli d'eau. Comme il essayait de sortir de l'eau, il l'a repoussé de ses mains, il a pesé très fort sur sa tête, le maintenant sous l'eau, pour qu'il ne remonte plus à la surface. La bête se débattait en vain. Lentement, mais sûrement, il a noyé le petit chien.

Très vite Clément a senti monter en lui les remords et une irrésistible envie de faire du bien. Il fallait lutter contre ce mal…

Pour cela, dans un immeuble peu habité, il s'est caché dans l'ombre, sous un escalier. Avec des mauvaises pensées, des souvenirs amers, il a nourri calmement sa colère. Il a bondi sur une grand-mère qui arrivait par le couloir de l'entrée. Il l'a fait tomber par terre et lui a serré le coup fermement, jusqu'à son dernier souffle. Elle n'a même pas eu le temps de crier.

A cet instant, il aurait pu ressentir de la satisfaction, lui qui avait suivi le programme si scrupuleusement. Au lieu de cela, il s'est dit qu'il avait peut-être mal agi. Un sentiment soudain s'est révélé en lui, celui de la culpabilité.

Afin d'échapper à son mal être, lui est venu l'idée de consommer de l'alcool et des médicaments en grande quantité. Il désirait fuir, quitter cet enfer et voler dans les airs, passer à travers les nuages. La lumière était belle à présent. Comme il planait vraiment, il a vu, juste devant lui, un portail qu'il a effleuré des mains sans pouvoir l'ouvrir.

Et puis soudain, tout s'est écroulé. De la chaleur a envahi son corps et comme un oiseau qui prend feu, il est tombé du ciel...

Il y a eu un grand bruit. C'était la police qui lui sautait dessus, sans ménagement, avec force et menottes.

A ce moment précis, Clément a compris que sa vie ne lui appartenait plus vraiment.

Un fourgon l'attendait devant sa porte, il se sentait bien. Il avait envie d'une glace à la fraise.

L'HOMME QUI PARLAIT AU VENT

Un jour,
Nous étions encore à la petite école, José est venu me voir. Il m'a dit qu'il parlait au vent. Il m'a expliqué que c'était des êtres vivants qui lui racontaient des histoires d'avant.
J'étais petit et c'était mon ami, alors je l'ai cru et on a continué de se voir pour jouer ensemble, faire du foot, du vélo, comme ça, tout naturellement.

Plus tard,
On s'est revu à l'université. On s'est salué, sans se parler davantage. J'étais occupé à essayer de plaire aux filles et lui était absorbé à étudier, à comprendre le monde, un truc du genre...

Plusieurs années ont passé et j'ai quitté la ville.
Avec ma famille, nous nous sommes installé à la campagne, dans un petit village loin de la ville, en quête de calme, à la recherche d'une meilleure qualité de vie.

De son côté, José a suivi des études de médecine et s'est spécialisé en tant que naturopathe, guérisseur. Il a pratiqué pendant quelques temps dans une grande agglomération, puis il est également venu s'établir dans mon village. Il vivait seul.

Un soir, en buvant un verre ensemble, il m'a expliqué que la nature renferme son propre pouvoir de guérison. Il m'a aussi dit que lui-même était relié à la terre et au ciel et qu'au travers d'éco rituels, il pouvait débloquer des nœuds et ouvrir des portes. Il m'a livré tout plein d'autres théories que je n'ai pas trop bien comprises.

Au début, les villageois, proches de la terre, à majorité paysanne, voyaient en José un homme bizarre et farfelu qui n'avait pas de femme. Ils ne comprenaient pas son style de vie ni sa manière de soigner. Il faut aussi dire que par grands vents, il allait souvent au sommet d'une colline alentour. Il s'asseyait sur le sol en tailleur et restait prostré, les yeux clos pendant parfois plusieurs heures, jusqu'à ce que la pluie tombe. Plusieurs personnes l'avaient vu faire et pensaient qu'il était fou. Une croyance s'installa même, insinuant que José pouvait faire venir la pluie. D'ailleurs, depuis son arrivée, il n'avait jamais autant plu dans la région, ce qui faisait l'affaire des paysans, mais ces derniers se méfiaient beaucoup de l'homme venant de la ville.

Au village, une petite fille tomba malade, très malade. Ses parents, inquiets, allèrent à la capitale pour qu'elle soit vue par un grand médecin de la place. Le diagnostique fut terrible, l'enfant avait une maladie très grave et très virulente, une forme de tumeur au cerveau et à la moelle épinière. Les parents de la petite fille étaient totalement anéantis et dévastés par cette nouvelle.

L'enfant suivit un traitement par rayons, une intervention chirurgicale étant impossible. Au bout de plusieurs mois, il n'y avait pas d'effets positifs, au contraire, la maladie s'était aggravée. En désespoir de cause, la famille décida d'aller voir José.

Personne ne sut vraiment ce qu'il fit à la fillette. A vrai dire, personne n'osa poser des questions. N'empêche qu'au bout de quelques mois, elle était guérie, je veux dire complètement guérie !
Les parents, les voisins et les commerçants, tout le monde était heureux, comme une communauté qui fête une nouvelle naissance. La mère, très émue, avait exprimé sa reconnaissance

envers José, lui offrant des légumes de son champs et du vin de ses vignes. Malgré tout, villageois et villageoises restaient toujours méfiants à l'égard du thérapeute, pourtant sauveur d'une vie.

Pendant ce temps, José continuait de se rendre sur la colline pour parler au vent, juste avant la pluie. Insensiblement, la rumeur grandit comme quoi il invoquait les forces du mal, responsables de la pluie et des orages. Les gens craignaient que José et ses pouvoirs maléfiques puissent leur créer des ennuis. Ils avaient complétement oublié la guérison de la petite fille. Ils étaient convaincus que, qui sème le vent récolte la tempête et la tempête arriva, énorme : un vent terrible arracha les toitures des maisons et déracina des arbres, puis vint le déluge. Une pluie torrentielle s'abattit sur le village et sa région. La rivière proche sortit de son lit, inondant les foyers et les champs. Une vraie catastrophe pour les paysans qui virent leurs récoltes anéanties en quelques heures, à cause de la force de la nature, et de son déchaînement.

La population, foudroyée, profondément écoeurée, avait besoin d'un coupable, un responsable de ce désastre. José était cette personne. Une foule de villageois en

colère s'est ainsi rendue chez lui. Ils l'ont sorti de force de sa jolie maison. La mère de la petite fille était là, au premier rang. Sous le soleil couchant, ils l'ont traîné tout en haut de la colline. Ils lui ont lancé dessus des pierres et encore des pierres jusqu'à ce qu'il ne bouge plus...
Ils l'ont tué, je veux dire, ils l'ont tous tué!

Le soir de ce même jour, un peu abasourdi, j'ai songé à José, l'homme qu'on disait fou, celui qui parlait au vent. J'ai pensé que c'était quelqu'un de bien, mais je n'ai pas osé le dire, je me suis tu, à cause du mauvais temps...

UNE ANNÉE DE PLUS À VIVRE

J'ai fait la connaissance de Paul il y a plusieurs années, c'était déjà un artiste. Il créait des sculptures sur métal. Quelques fois, il a eu l'occasion d'exposer ses œuvres dans de petites galeries. Je dirais qu'il était doué pour l'art, mais pas doué pour la vie.

Autant que je sache, il n'a fréquenté qu'une seule femme avec qui il est resté en couple plusieurs années. Quand je l'ai rencontré pour la première fois, il avait 27 ans. Depuis, je l'ai toujours vu seul, un peu marginal, un peu fâché contre le système, mais pas trop.

Comme il n'arrivait pas à vivre de son inspiration, il percevait des service sociaux, la plus grande partie de son revenu. Comme beaucoup d'artistes, il était très superstitieux...

L'été dernier, Paul nous a dit à Marco, Christophe et moi, qu'il allait mourir bientôt. Il l'avait lu dans le marc de café et estimait approximativement à six mois, sa durée de vie. Depuis ce jour là, c'est comme s'il avait tout à coup pris conscience qu'il n'était pas immortel.

Persuadé de sa disparition proche, il est devenu très agressif envers quiconque pouvait lui faire gaspiller le peu de temps qu'il lui restait à vivre.

J'ai d'abord pensé qu'il se donnait un genre. J'ai songé qu'il jouait un personnage, entre rire et provocation. Puis j'ai envisagé que peut-être il n'avait pas de cœur. Finalement, j'ai compris que Paul avait tout simplement peur, peur de mourir.

Quand il lui arrivait de perdre le contrôle sur ses plans, il lui fallait un coupable, et cela pouvait être n'importe qui, vous ou moi. Paul était de très mauvaise foi et dans ces moments là, il avait zéro tolérance. Il s'énervait vite, trop vite...
Il devenait fou lorsque quelqu'un lui faisait manquer rien que quelques minutes de son existence.

Au fil du temps, il est vraiment devenu de plus en plus impulsif et violent. Il a accumulé plusieurs plaintes contre lui pour avoir agressé des personnes qui se sont mises entre lui et son destin. A plusieurs reprises, je lui ai conseillé d'aller voir son médecin. Il m'a dit que je n'y comprenais rien. Je lui ai répondu que peut-être c'était vrai, mais qu'un psychologue pourrait éventuellement l'aider.

Alors qu'il avait désormais interprété son avenir dans le marc de café, Paul n'était plus raisonnable. Il était sous pression. A Marco, Christophe ou moi, il nous hurlait constamment dessus que son présent était précieux et qu'il ne fallait surtout pas le gaspiller. Pour tout il était stressé, convaincu que les heures lui étaient comptées.

Comme une machine programmée, son destin était lancé à grande vitesse.
Il ne devait par dessus tout ni freiner ni ralentir. Il fallait aller vite car la fin était proche. Mon ami s'est transformé en un homme qui n'avait plus de temps à perdre.

Un soir, il m'a fait voir sa nouvelle montre. il m'a expliqué qu'il l'avait choisie car elle avait de grosses aiguilles qui s'illuminaient dans la nuit, très facile pour voir l'heure instantanément. J'ai observé par la suite, qu'il avait constamment un œil fixé sur son cadran.

Progressivement, Marco, Christophe et moi, nous nous sommes éloignés de Paul.

Pourtant, il y a quelques mois en arrière, peu avant Noël, j'ai lu dans le journal local qu'il avait tué un piéton, parce que ce dernier traversait trop lentement la route.

Dans les faits, Paul est sorti furieux de sa voiture et a bondi sur sa victime. Il lui a asséné un méchant coup de boule. Sous le choc, l'autre a chancelé puis est mal retombé...

Paul est parti sans se retourner. Le piéton n'a pas survécu et Paul a été arrêté.

A l'issue du jugement, mon ami a été condamné à une peine de douze mois d'emprisonnement ferme. La cour a considéré qu'il avait agi sans scrupules et montré peu d'empathie à l'égard de sa victime...

Lorsque je suis allé le voir en prison, il avait l'air apaisé et détendu. J'étais surpris, il était changé, en mieux.

A un moment donné, il s'est levé et m'a demandé de m'approcher. Il m'a alors dit tout doucement au creux de l'oreille: « tu vois, j'ai gagné au moins une année de plus à vivre ».

Biographie de l'auteur

Nicolas Pidoux est né le 3 août 1970 à Lausanne en Suisse. Après des études secondaires, il fait le choix de se tourner vers la musique.

Chanteur et parolier, il participe à divers projets musicaux dès 1990 à ce jour.
Marié et père d'un garçon, il exerce son métier de travailleur social depuis plusieurs années.

Inspiré par de nombreuses lectures, l'œuvre de Charles Bukowski en particulier, Nicolas Pidoux est sensible à la dureté de la vie. Il l'exprime à travers ses pages, sa musique, ses dessins, souvent avec un certain cynisme, qui cache en réalité, une vérité crue.

Lausanne, 2022